Une étrange créature est emmêlée dans leur filet !
Alors qu'ils essaient de le remonter, le monstre bondit
hors de l'eau ! Terrifiés, les pêcheurs trébuchent
et font basculer leurs affaires par-dessus bord.

Le lendemain, Luca, un autre monstre, découvre les objets tombés du bateau. Il est émerveillé, car il rêve d'explorer la surface.
Soudain, un scaphandrier le fait sursauter :
– Je ne suis pas humain ! le rassure-t-il. Je m'appelle Alberto.

MONDE ★ ENCHANTÉ

D'APRÈS LE FILM

Disney · PIXAR

LUCA

hachette
JEUNESSE

Tout le monde à Portorosso a entendu
parler des monstres marins,
des bêtes effrayantes se cachant
dans les profondeurs de la mer.
Une nuit, deux pêcheurs aperçoivent
quelque chose bouger sous l'eau...

Alberto convainc Luca de découvrir la terre ferme.
En séchant, voilà qu'il se transforme en jeune garçon !
Luca apprend à marcher grâce aux conseils de son nouvel ami.
– Viens, j'ai plein de choses à te montrer, annonce Alberto.

Alberto conduit Luca dans sa cachette, remplie d'objets humains récupérés sous l'eau. Luca remarque notamment un poster.

– C'est une Vespa™, explique Alberto. Elle t'emmène où tu veux.

Luca lui propose alors de fabriquer leur propre scooter.

Au lieu de rentrer chez lui, Luca préfère aider Alberto à terminer leur Vespa™. Ils passent les jours suivants ensemble, à peaufiner leur scooter, sauter du haut des falaises ou hurler dans les grottes.

Un jour, leur Vespa™ est enfin prête. Ils dévalent la pente et… s'envolent dans les airs ! Les deux amis foncent droit sur un rocher ! Heureusement, ils parviennent à l'éviter et plongent dans l'eau en riant. Les garçons rêvent d'avoir une vraie Vespa™…

Mais le soir, Luca rentre chez lui en retard.
Ses parents découvrent ainsi qu'il passe du temps à la surface.
– Ce monde est dangereux, dit Daniela, sa mère. N'y retourne plus !

Le lendemain, Luca file pourtant en cachette chez son ami.
– Tes parents ne viendront pas te chercher là-bas,
dit Alberto en désignant Portorosso.
Luca est un peu inquiet, mais quand Alberto lui explique que l'endroit est rempli de Vespa™, le jeune monstre accepte finalement d'y aller.
Sans attendre, ils nagent en direction de Portorosso, bien décidés à y trouver leur scooter pour partir explorer le monde.

À leur arrivée au village, Alberto rappelle à Luca :
– Surtout, ne te mouille sous aucun prétexte !
Luca est émerveillé par l'agitation sur la grande place.
C'est alors qu'un garçon nommé Ercole fait son apparition,
sur une magnifique Vespa™ rouge.

Il s'approche de Luca et le traîne soudain jusqu'à la fontaine.
— Tu sens le poisson, se moque-t-il.
Alors que la peau de Luca se couvre d'écailles, un cri retentit :
— Lâche-le !

La jeune Giulia arrive en trombe sur son vélo de livraison.

– C'est avec ça que tu t'entraînes pour la Portorosso Cup ? ricane Ercole.

En entendant parler de la course, Luca et Alberto décident de s'y inscrire pour pouvoir acheter une Vespa™ avec la récompense.

Les deux amis sympathisent avec Giulia, et celle-ci accepte de faire équipe avec eux. Elle leur explique qu'il s'agit d'une compétition en trois étapes. Elle se chargera donc de la natation, Alberto de la course des mangeurs de pâtes et Luca du vélo.

Au dîner, Giulia leur apprend que son père, Massimo, est pêcheur… et qu'il chasse aussi les monstres marins. Surpris, Luca en crache sa gorgée d'eau sur Alberto ! Heureusement, personne ne remarque rien. Massimo confie alors qu'il ne pourra pas payer leur inscription à la course car la pêche n'est pas bonne.

Au même moment, les parents de Luca arrivent à Portorosso pour le chercher. Daniela recommande à son époux d'être prudent.

— Les monstres terrestres sont partout, affirme-t-elle.

En se retournant, elle voit un humain et bondit sur lui.

— C'est moi ! proteste Lorenzo, son mari.

Le lendemain, Luca et Alberto décident d'aider Massimo et le conduisent jusqu'à un coin de pêche plein de poissons... À leur retour, Giulia n'en croit pas ses yeux : le bateau déborde ! Et grâce à l'argent récolté, ils vont pouvoir s'inscrire à la course.

Giulia commence sans attendre à entraîner ses deux amis. Grâce à elle, au fil des jours, Alberto manie de mieux en mieux sa fourchette. Quant à Luca, il progresse beaucoup à vélo.

Mais Alberto est jaloux, car Giulia et Luca sont de plus en plus complices.
Quand la fillette montre le train qui l'emmènera bientôt à l'école,
Luca déclare qu'il veut y aller, lui aussi.
– Concentrons-nous sur l'entraînement, s'énerve Alberto.

Les deux garçons commencent à se battre.

— Les monstres marins ne sont pas acceptés à l'école ! crie Alberto.

— Les monstres marins ? s'étonne Giulia.

C'est alors qu'Alberto tombe dans l'eau et se transforme sous ses yeux.

Pour garder son secret, Luca fait mine d'être surpris et se met à hurler :

– Un monstre marin !

En entendant son cri, Ercole dégaine son harpon.

Alberto s'éloigne dans la mer, sous le regard attristé de Luca

De retour chez Giulia, la fillette renverse soudain de l'eau sur Luca.
Elle découvre qu'il est, lui aussi, un monstre marin !
Même si elle n'a pas envie de voir son ami partir,
elle sait qu'il doit quitter Portorosso pour sa sécurité.

Luca va voir Alberto dans sa cachette pour s'excuser.
– Je gagnerai la Cup, lui promet-il. Et quand la Vespa™
sera à nous, on s'en ira ensemble !
Puis, Luca bondit de la tour, avant de s'éloigner.
C'est sûr, il réussira à tout arranger !

C'est le jour de la compétition ! En l'absence d'Alberto, Giulia et Luca passent les deux premières épreuves avec succès. Luca s'élance maintenant sur son vélo. Depuis la foule, ses parents le reconnaissent.

– Désolé ! Je dois finir la course, leur crie-t-il en accélérant.

Tandis que Luca prend la tête du peloton, la pluie se met à tomber.
Alberto apparaît, un parapluie à la main, quand, soudain,
Ercole le bouscule. Trempé, Alberto se transforme en monstre.
– Attrapez-le ! crie la foule en le piégeant dans un filet.

Luca, désormais lui aussi sous sa forme de monstre, se précipite pour délivrer son ami. Mais Ercole les vise déjà avec son harpon.

– Ce ne sont pas des monstres ! proteste Giulia en lui fonçant dessus avec son vélo pour le désarçonner.

– Ah oui ? Et qu'est-ce qu'ils sont alors ? ricane Ercole.

– Moi, je sais ! crie soudain Massimo. Ce sont Luca et Alberto, les vainqueurs de la course !

Étonnés, les deux amis comprennent qu'ils ont franchi la ligne d'arrivée les premiers et remporté la Portorosso Cup.

À eux la Vespa™ !

Les parents de Luca embrassent leur fils.

– Nous sommes fiers de toi.

En voyant cette famille dévoiler sa vraie nature, plusieurs spectateurs ferment leur parapluie, révélant à leur tour être des monstres marins.

Le lendemain, Alberto a une surprise pour Luca : il a revendu la Vespa™ pour lui offrir un billet de train. Avec l'autorisation de ses parents, Luca peut aller à l'école, même si son ami ne l'accompagne pas.

— Massimo a besoin de moi, explique Alberto.

Les deux garçons se serrent fort. Ils vont beaucoup se manquer,
mais leur amitié les unira pour toujours. Alors que le train s'éloigne,
Luca sort sous la pluie et se transforme en monstre.
Il est prêt à vivre une nouvelle aventure.

Directeur : **Antoine Béon**
Responsable éditoriale : **Adélaïde Lebuy**
Responsable artistique : **Pauline Ortlieb**
Édition : **Naïma Timzouert**
Fabrication : **Marine Wiplier**
Adaptation des textes : **Claire Bertholet**
Mise en page : **Émilie Laudrin**
Relecture : **Catherine Rigal**

Édité par Hachette Livre – 58, rue Jean Bleuzen – 92178 Vanves Cedex
Imprimé par Macrolibros en Espagne – Achevé d'imprimer : juin 2021
ISBN : 978-2-01-204905-5 – Édition : 01 – Dépôt légal : juin 2021
Loi n°49-956 du 16 juillet 1949 sur les publications destinées à la jeunesse.
Pour tout renseignement concernant nos parutions,
nous contacter par e-mail : disney@hachette-livre.fr